KB246626

사랑과 자유를
노래하는 필사 : 7080 명곡

100

한스미디어

사 랑 과 　 자 유 를
노 래 하 는 　 필 사

7080 명곡

100

조성진 서문

한스미디어

부모님이 호적 신고를 1년 늦게 하셔서서 초등학교에 입학하려면 또래보다 더 많이 기다려야 했다. 그러나 이미 한글을 깨치고 신문까지 읽을 수 있었던 나는 가방을 메고 학교에 다니는 이웃의 형들이 너무 부러웠다. 결국 어머니를 졸라 1970년대 초 초등학교에 입학했다. 당시 겨우 만 5세였기에 다소 우여곡절이 있었지만 어쨌든 입학에 '성공'했다.

아침 일찍 일어나 학교에 가는 일이 너무 설렜다. 등하교 때마다 학교 앞 만화방 창문에 놓인 만화책과 문방구에 진열된 각종 장난감 그리고 《어깨동무》, 《새소년》, 《소년중앙》 같은 어린이 잡지가 나를 유혹하던 게 생각난다. 학교에서 주던 큼지막한 병 우유 - 어릴 땐 이 병이 왜 그리 크게 보였던지 - 를 마시는 것도 큰 즐거움 중 하나였다. 《어깨동무》나 《새소년》을 사서 교실에 가져오면 그날 하루만큼은 아이돌 부럽지 않은 빅스타 대접을 받기도 했다. 급우들은 "성진아, 나도 보여줘" 하면서 "집에 갈 때 가방 들어줄게" 같은 각종 사탕발림으로 쉴 새 없이 예약 부탁을 해왔다. 그러나 내가 1순위로 '신상'을 보여주고 싶은 급우는 따로 있었다. 당시 전교에서 가장 예뻤던, 내 앞줄에 앉아 있던 여학생이었다. 그런데 그 애 앞에만 서면 친절한 말투보다 이상하게 퉁명스러운 표현이 먼저 나오곤 했다. 더 이상한 건 그 애 얼굴을 똑바로 바라보기 힘들었다는 거다. 부반장이던 나는 학급을 통솔할 일이 생길 때도 그 애에겐 고개를 살짝 숙이고

일을 시키곤 했다. 《어깨동무》도 그 애에게 던지듯 빌려주고 황급히 자리를 피했던 걸로 기억한다.

'통기타' 붐이 일던 것도 이즈음이었다. 〈로망스〉나 〈이루어질 수 없는 사랑〉은 대표적인 기타 입문 곡이었다. 왼손가락에 물집이 터지고 굳은살이 박였지만 이런 것마저 뿌듯했던 시간이기도 했다. 중·고교 시절은 '그룹사운드'의 춘추전국시대였다. 나 역시 중3 때 일렉트릭 기타를 가질 수 있었다. 공부에 방해된다는 이유로 "통기타까지만 치고 일렉트릭 기타는 절대 안 된다"는 부모님과 단식으로 맞서 얻어 낸 소중한 유산(?)이었다. 내가 고1 때인 1981년에는 '기타 잘 친다'는 기준을 마그마의 〈해야〉와 딥 퍼플의 〈Highway Star〉를 연주할 수 있느냐 여부에 두기도 했다. 다소 어설프게라도 이 두 곡을 연주할 줄 알면 스쿨 밴드의 '퍼스트 기타'로 뽑혔다. 당시에는 '리드 기타'와 '리듬 기타'를 '퍼스트 기타'와 '세컨드 기타'라고 불렀다.

TV가 온 가족을 함께 모이게 하는 가장 강력한 도구였던 것도 이즈음이다. 인기 드라마가 방영될 때면 온 동네 거리에 사람이 보이지 않을 정도였다. 고1 때 〈MBC 장학퀴즈〉에 출연했었는데, 온 동네 사람들이 TV를 보며 나를 응원했다는 얘기를 들었다. 일요일 아침에 방송되던 퀴즈 프로그램이었음에도 공휴일의 휴식을 즐기지 않고 이웃집 아들내미를 위해 팔을 걷어붙이고 나설 정도로 이웃 간의 정이 가장 끈끈했던 시절이기도 했다.

통기타뿐 아니라 밴드 음악을 하는 모든 이에게 대학가요제는 꿈의 무대였다. 나 역시 지옥 같은 수험생활을 극복하고 대학에 들어가기만 하면 밴드 활동을 멋지게 하며 캠퍼스의 낭만을 즐기리라 다짐했다. 그러나 대학에 입학해 나를 처음 반긴 건 캠퍼스의 낭만이 아니라 화염병과 최루탄이었다. 평균 한 학기의 반 이상이 휴강일 정도로 잘못 돌아가고 있는 체제와 싸우고 또 싸웠다. 〈아침이슬〉, 〈행복의 나라〉와 같은 노랫말이 절절히 와닿던 시기였다.

1990년대부터 사회생활을 시작했는데 이때만 해도 호프집, 카페 등을 찾으면 비록 작은 공간이지만 통기타를 들고 노래하는 소위 '클럽 가수'를 자주 볼 수 있었다. 신청곡을 받는 음악감상실도 많았다. 스마트폰으로 모든 걸 해결하는 2020년대의 감성과는 달라도 너무 다른 풍경이랄까.

누구에게나 추억은 있다. 기쁨과 슬픔, 아름다움, 분노 등 다양한 감정으로 소환된다. 앞에서 지극히 개인적인 이야기를 언급한 이유도 '추억'을 이야기하고 싶었기 때문이다.

자신이 감명 깊게 읽은 책의 내용이나 노래 가사를 손으로 직접 베껴쓰는 행위, 즉 필사(筆寫) 또한 지극히 '사(私)적' 행위의 시간이다. 원하는 노래 구절을 PC의 '오려두기' 같은 기능을 사용하면 힘들게 베껴 쓰지 않고도 곧바로 저장할 수 있는 세상이 되었다. 그런데도 굳이 필사를 하는 이유는 그 시간만큼은 자신이 좋아하는 노랫말을 가수와 함께 연주(노래)하고 음미하며 함께 채울 수 있는, 개인적이고도 소중한 순간이기 때문이다. 무엇보다 필사는 자신이 좋아하는 가수와 노래에 대한 깊은 사랑을 표현하는 행위이기도 하다. 아련하게 떠오르는 그때 그 시절의 설렘이나 젊음의 패기, 혹은 다소 부끄러울 수 있는 온갖 추억들이 필사를 통해 소환된다. 필사는 영화나 드라마를 보며 그 시절의 향수를 달래는 소극적(간접적) 행위가 아니라 자신이 직접 또박또박 글로 써 가며 음미하는 적극적(직접적) 행위다.

이번에 출간되는 《사랑과 자유를 노래하는 필사 7080 명곡 100》에는 외로움, 그리움, 아름다움, 연인 간의 사랑, 자유와 평화, 우리를 설레게 했던 캠퍼스가요제 수상 곡에 이르는 7080세대의 정서를 대변하는 노래로 가득하다. 음악을 들으며 이 책에 수록된 곡을 필사하는 시간만큼은 자식이든 친구든 모두 '내버려두고' 그 시절 속 주인공이 된 자신을 추억하며, '사적' 여유를 한껏 음미해 보길 바란다. 때로는 자신만을 위한 '구속력'이 필요한 시간도 있어야 한다. '나도 예전엔~'이라는 말로 시작되는, 이른바 '라떼' 시리즈는 당사자에게는 '배설'을 통해 '나 아직 죽지 않았어' 하는 자기 증명일 수 있지만 듣는 입장에서는 "아버지(어머니)는 또 저 얘기야" "에휴, 또 시작되신 겁니까?" 하며 피로감을 느낄 수밖에 없다. 그러니 '라떼' 대신 '필사'라는 방법으로 아름답고 소중한 그때 그 시절을 떠올리며 자신에게 집중하는 시간을 가져 보는 건 어떨까?

| 조성진(음악평론가, 스포츠한국 연예부국장) |

차례

1부

우리들의 이야기는
끝이 없어라

그리운 사람끼리

1970

[박인희 작사, 작곡] - 뚜아에무아

그리운 사람끼리

두 손을 잡고

마주 보고 웃음 지며

함께 가는 길

두 손엔 풍선을 들고

두 눈엔 사랑을 담고

가슴엔 하나 가득

그리움이래

그리운 사람끼리

두 눈을 감고

도란도란 속삭이며

걸어가는 길

가슴에 여울지는

푸르른 사랑

길목엔 하나 가득

그리움이래

라라라

1971

[윤형주 작사, 작곡] - 윤형주

조개껍질 묶어 그녀의 목에 걸고

물가에 마주 앉아 밤새 속삭이네

저 멀리 달그림자 시원한 파도 소리

여름밤은 깊어만 가고 잠은 오질 않네

아침이 늦어져서 모두들 배고파도

함께 웃어가며 식사를 기다리네

반찬은 한두 가지 집 생각 나지마는

시큼한 김치만 있어주어도 내게는 진수성찬

밥이 새까맣게 타버려 못 먹어도

모기가 밤새 물어도 모두들 웃는 얼굴

암만 생각해도 집에는 가야 할텐데

바다가 좋고 그녀가 있는데 어쩔 수가 없네

라라라 라라라라 라라라 라라라라

라라라 라라라라 라라라 라라라라

사랑해

1971

[오경훈 작사, 작곡] - 라나에로스포

사랑해 당신을 정말로 사랑해
당신이 내 곁을 떠나간 뒤에
얼마나 눈물을 흘렸는지 모른다오

예~
사랑해 당신을 정말로 사랑해

멀리 떠나버린 못 잊을 님이여
당신이 내 곁을 떠나간 뒤에
밤마다 그리는 보고 싶은 내 사랑아

예~
사랑해 당신을 정말로 사랑해
사랑해 당신을 정말로 사랑해

그 사람 이름은 잊었지만

1971

[신명순 작사, 김희갑 작곡] - 박건

지금도 마로니에는 피고 있겠지

눈물 속에 봄비가 흘러내리듯

임자 잃은 술잔에 어리는 그 얼굴

아~ 청춘도 사랑도 다 마셔버렸네

그 길에 마로니에 잎이 지던 날

루루루루 루루루

루루루 루루루루루루

지금도 마로니에는 피고 있겠지

지금도 마로니에는 피고 있겠지

바람이 불고 낙엽이 지듯이

덧없이 사라진 다정한 그 목소리

아~ 청춘도 사랑도 다 마셔버렸네

그 길에 마로니에 잎이 지던 날

루루루루 루루루

루루루 루루루루루루

지금도 마로니에는 피고 있겠지

달무리

1971

[김주명 작사, 안치행 작곡] - 영사운드

적막한 밤하늘에

빛나던 달이

둥그런 달무리로

우산을 쓰니

달 위해 피고 지던 달맞이꽃도

서러워 밤이슬에 꽃잎 젖는다

달무리야 달무리야

어서 지고

외로운 달맞이꽃

반기려므나

달 위해 웃고 울던 달맞이꽃도

서러운 달 모습에 고개 숙인다

달무리야 달무리야

어서 지고

외로운 달맞이꽃

반기려므나

아침 이슬

1971

[김민기 작사, 작곡] - 양희은

긴 밤 지새우고 풀잎마다 맺힌

진주보다 더 고운 아침 이슬처럼

내 맘에 설움이 알알이 맺힐 때

아침 동산에 올라 작은 미소를 배운다

태양은 묘지 위에 붉게 떠오르고

한낮에 찌는 더위는 나의 시련일지라

나 이제 가노라 저 거친 광야에

서러움 모두 버리고 나 이제 가노라

내 맘에 설움이 알알이 맺힐 때

아침 동산에 올라 작은 미소를 배운다

태양은 묘지 위에 붉게 떠오르고

한낮에 찌는 더위는 나의 시련일지라

나 이제 가노라 저 거친 광야에

서러움 모두 버리고 나 이제 가노라

달맞이꽃

[지웅 작사, 김희갑 작곡] - 이용복

얼마나 기다리다 꽃이 됐나
달 밝은 밤이 오면 홀로 피어
쓸쓸히 쓸쓸히 미소를 띠는
그 이름 달맞이꽃
아~ 서산에 달님도 기울어
새파란 달빛 아래 고개 숙인
네 모습 애처롭구나

얼마나 그리우면 꽃이 됐나
찬 새벽 올 때까지 홀로 피어
쓸쓸히 쓸쓸히 시들어 가는
그 이름 달맞이꽃
아~ 서산에 달님도 기울어
새파란 달빛 아래 고개 숙인
네 모습 애처롭구나

나는 너를

1972

[신중현 작사, 작곡] - 장현

시냇물 흘러서 가면 넓은 바닷물이 되듯이

세월이 흘러 익어간 사랑 가슴 속에 메워 있었네

그토록 믿어온 사랑 내 마음에 믿어온 사랑

지금은 모두 어리석음에 이제 너를 떠나간다네

저녁노을 나를 두고 가려마 어서 가려마 내 모습 감추게

밤하늘에 찾아오는 별들의 사랑 이야기 들려줄 거야

세월이 흘러서 가면 내 사랑 찾아오겠지

모두 다 잊고 떠나가야지 보금자리 찾아가야지

저녁노을 나를 두고 가려마 어서 가려마 내 모습 감추게

밤하늘에 찾아오는 별들의 사랑 이야기 들려줄 거야

세월이 흘러서 가면 내 사랑 찾아오겠지

모두 다 잊고 떠나가야지 보금자리 찾아가야지

당신의 모든 것을

1973

[박헌용 작사, 작곡] - 원 플러스 원

유리같이 맑은 아침처럼

이슬을 좋아하는 마음처럼

당신의 그 고운 눈을 사랑합니다

타오르는 붉은 햇살처럼

탐스러운 사과처럼

당신의 그 고운 볼을 사랑합니다

고요하고 깊은 가을밤에

귀뚜라미 울음처럼

당신의 그윽한 음성을 사랑합니다

유리같이 맑은 아침처럼

이슬을 좋아하는 마음처럼

당신의 그 고운 눈을 사랑합니다

당신의 그 고운 눈을 사랑합니다

모닥불

1973

[박건호 작사, 박인희 작곡] - 박인희

모닥불 피워놓고 마주 앉아서

우리들의 이야기는 끝이 없어라

인생은 연기 속에 재를 남기고

말없이 사라지는 모닥불 같은 것

타다가 꺼지는 그 순간까지

우리들의 이야기는 끝이 없어라

인생은 연기 속에 재를 남기고

말없이 사라지는 모닥불 같은 것

타다가 꺼지는 그 순간까지

우리들의 이야기는 끝이 없어라

휘파람을 부세요

1974

[이장희 작사, 작곡] - 이장희

제가 보고 싶을 땐 두 눈을 꼭 감고
나즈막히 소리 내어 휘파람을 부세요

외롭다고 느끼실 땐 두 눈을 꼭 감고
나즈막히 소리 내어 휘파람을 부세요

휘파람 소리에 꿈이 서려 있어요
휘파람 소리에 사랑이 담겨 있어요

누군가가 그리울 땐 두 눈을 꼭 감고
나즈막히 소리 내어 휘파람을 부세요

휘파람 소리에 꿈이 서려 있어요
휘파람 소리에 사랑이 담겨 있어요

누군가가 그리울 땐 두 눈을 꼭 감고
나즈막히 소리 내어 휘파람을 부세요

사랑이야

1974

[송창식 작사, 작곡] - 송창식

당신은 누구시길래 이렇게 내 마음 깊은 거기에 찾아와

어느새 촛불 하나 이렇게 밝혀놓으셨나요

어느 별 어느 하늘이 이렇게 당신이 피워놓으신 불처럼

밤이면 밤마다 이렇게 타오를 수 있나요

언젠가 어느 곳에선가 한 번은 본 듯한 얼굴

가슴 속에 항상 혼자 그려보던 그 모습

단 한 번 눈길에 부서진 내 영혼

사랑이야 사랑이야

당신은 누구시길래 이렇게 내 마음 깊은 거기에 찾아와

어느새 시냇물 하나 이렇게 흘려놓으셨나요

어느 빛 어느 바람이 이렇게 당신이 흘려놓으신 물처럼

조용히 속삭이듯 이렇게 영원할 수 있나요

언젠가 어느 곳에선가 한 번은 올 것 같던 순간

가슴 속에 항상 혼자 예감하던 그 순간

단 한 번 미소에 터져버린 내 영혼

사랑이야 사랑이야

행복의 나라로

1974

[한대수 작사, 작곡] - 한대수

장막을 걷어라 나의 좁은 눈으로 이 세상을 떠보자

창문을 열어라 춤추는 산들바람을 한 번 또 느껴보자

가벼운 풀밭 위로 나를 걷게 해주세 봄과 새들의 소리 듣고 싶소

울고 웃고 싶소 내 마음을 만져줘 나는 행복의 나라로 갈 테야

접어드는 초저녁 누워 공상에 들어 생각에 도취했소

벽의 작은 창가로 흘러드는 산뜻한 노는 아이들 소리

아~ 나는 살겠소 태양만 비친다면 밤과 하늘과 바람 안에서

비와 천둥의 소리 이겨 춤을 추겠네 나는 행복의 나라로 갈 테야

고개 숙인 그대여 눈을 떠보세 귀도 또 기울이세

아침에 일어나면 자신 찾을 수 없이 밤과 낮 구별 없이

고개 들고서 오세 손에 손을 잡고서 청춘과 유혹의 뒷장 넘기며

광야는 넓어요 하늘은 또 푸러요 다들 행복의 나라로 갑시다

편지

1974

[김미선 작사, 임창제 작곡] - 어니언스

말없이 건네주고
달아난 차가운 손
가슴속 울려주는
눈물 젖은 편지

하얀 종이 위에
곱게 써내려간
너의 진실 알아내곤
난 그만 울어버렸네

멍 뚫린 내 가슴에
서러움이 물 흐르면
떠나버린 너에게
사랑 노래 보낸다

밤에 떠난 여인

1974

[김성진 작사, 작곡] – 하남석

하얀 손을 흔들며 입가에는 예쁜 미소 짓지만

커다란 검은 눈에 가득 고인 눈물 보았네

차창가에 힘없이 기대어 나의 손을 잡으며

안녕이란 말 한마디 다 못하고 돌아서 우네

언제 다시 만날 수 있나 기약도 할 수 없는 이별

그녀의 마지막 남긴 말 내 맘에 내 몸에 봄 오면

그녀 실은 막차는 멀리멀리 사라져 가버리고

찬바람만 소리 내어 내 머리를 흩날리는데

네가 멀리 떠난 후 나는 처음 외로움을 알았네

눈물을 감추려고 먼 하늘만 바라보았네

언제 다시 만날 수 있나 기약도 할 수 없는 이별

그녀의 마지막 남긴 말 내 맘에 내 몸에 봄 오면

예전에는 너와 나 다정스런 친구로만 알았네

네가 멀리 떠난 후 사랑인 줄 나는 알았네

네가 돌아오는 날 나는 너를 맞으며 말하리라

나는 너를 영원히 사랑한다 말을 할 테야

언제 다시 만날 수 있나 기약도 할 수 없는 이별

그녀의 마지막 남긴 말 내 맘에 내 몸에 봄 오면

오늘 같은 밤

1974

[이정선 작사, 작곡] - 이정선

오늘 같은 밤 무엇을 하나

잠은 안 오고 그대 곁에 없는데

밤은 깊은데 비는 내리고

너무 생각나 그대 너무 생각나

전화를 걸까 편지를 쓸까

볼 수가 없어 더욱 그리워지네

오늘 같은 밤 무엇을 하나

그대 없으면 나는 외로워지네

오늘 같은 밤 잠은 안 오고

시간만 가네 오늘 같은 밤

나는 못난이

[이요섭 작사, 작곡] – 딕 훼밀리

해도 잠든 밤하늘에 작은 별들이
소근 대는 너와 나를 흉보는가 봐
설레이며 말 못하는 나의 마음을
용기 없는 못난이라 놀리는가 봐

미소 짓는 그 입술이 하도 예뻐서
입 맞추고 싶지만은 자신이 없어
누군가가 요놈 하며 나설 거 같아
할까 말까 망설이는 나는 못난이

미소 짓는 그 입술이 하도 예뻐서
입 맞추고 싶지만은 자신이 없어
누군가가 요놈 하며 나설 거 같아
할까 말까 망설이는 나는 못난이
나는 못난이

얼굴

1974

[심봉석 작사, 신귀복 작곡] - 윤연선

동그라미 그리려다

무심코 그린 얼굴

내 마음 따라 피어나던

하아얀 그때 꿈을

풀잎에 연 이슬처럼

빛나던 눈동자

동그랗게 동그랗게

맴돌다 가는 얼굴

동그라미 그리려다

무심코 그린 얼굴

무지개 따라 올라갔던

오색 빛 하늘 나래

구름 속에 나비처럼

날으던 지난 날

동그랗게 동그랗게

맴돌다 가는 얼굴

이름 모를 소녀

[김정호 작사, 작곡] – 김정호

버들잎 따다가 연못 위에 띄워놓고

쓸쓸히 바라보는 이름 모를 소녀

밤은 깊어 가고 산새들은 잠들어

아무도 찾지 않는 조그만 연못 속에

달빛 젖은 금빛 물결 바람에 이누나

출렁이는 물결 속에 마음을 달래려고

말없이 기다리다 쓸쓸히 돌아서서

안개 속에 떠나가는 이름 모를 소녀

밤은 깊어 가고 산새들은 잠들어

아무도 찾지 않는 조그만 연못 속에

달빛 젖은 금빛 물결 바람에 이누나

출렁이는 물결 속에 마음을 달래려고

말없이 기다리다 쓸쓸히 돌아서서

안개 속에 떠나가는 이름 모를 소녀

날이 갈수록

1975

[김상배 작사, 작곡) - 김상배

가을 잎 찬 바람에 흩어져 날리면

캠퍼스 잔디 위엔 또다시 황금 물결

잊을 수 없는 얼굴 얼굴 얼굴 얼굴들

루루루루 꽃이 지네 루루루루 가을이 가네

하늘엔 조각 구름 무정한 세월이여

꽃잎이 떨어지니 젊음도 곧 가겠지

머물 수 없는 시절 우리들의 시절

루루루루 세월이 가네 루루루루 젊음도 가네

루루루루 꽃이 지네 루루루루 가을이 가네

루루루루 세월이 가네 루루루루 젊음도 가네

2부

외로운 집시처럼

밤을 태워버린

숱한 나날들

눈이 큰 아이

1975

[이종환 작사, 김홍경 작곡] - 버들피리

내 마음에 슬픔 어린 추억 있었지
청바지를 즐겨 입던 눈이 큰 아이
이슬비 오는 밤길에는 우산을 들고
말없이 따라 걷던 눈이 큰 아이
내 마음에 슬픔 어린 추억 있었지
지금은 어딨을까 눈이 큰 아이

내 마음에 슬픔 어린 추억 있었지
청바지를 즐겨 입던 눈이 큰 아이
눈 내리는 밤길에는 두 손을 잡고
말없이 걷자 하던 눈이 큰 아이
내 마음에 슬픔 어린 추억 있었지
지금도 생각나는 눈이 큰 아이

지금은 어딨을까 눈이 큰 아이
지금도 생각나는 눈이 큰 아이

너

1975

[서세건, 심진구 작사, 서세건 작곡] – 이종용

낙엽 지는 그 숲속에 파란 바닷가에

떨리는 손 잡아주던 너

별빛 같은 눈망울로 영원을 약속하며

나를 위해 기도하던 너

웃음 지으며 눈감은 너

내 곁을 떠난 뒤 외로운 집시처럼

밤을 태워버린 숱한 나날들

오늘도 추억 속에 맴돌다 지쳐버린

쓸쓸한 나의 넋

바람에 실려가고 빗소리에 몰리는

잊어버린 너의 목소리

부서지는 머릿결을 은빛처럼 날리우고

되돌아선 너의 옛모습

웃음 지으며 눈감은 너

내 곁을 떠난 뒤 외로운 집시처럼

밤을 태워버린 숱한 나날들

오늘도 추억 속에 맴돌다 지쳐버린

창백한 나의 넋

긴 머리 소녀

1975

[오세복 작사, 작곡] – 둘다섯

빗소리 들리면 떠오르는 모습

달처럼 탐스런 하얀 얼굴

우연히 만났다 말없이 가버린

긴 머리 소녀야

눈먼 아이처럼 귀 먼 아이처럼

조심 조심 징검다리 건너던

개울 건너 작은 집의 긴 머리 소녀야

눈 감고 두 손 모아 널 위해 기도하리라

눈먼 아이처럼 귀 먼 아이처럼

조심 조심 징검다리 건너던

개울 건너 작은 집의 긴 머리 소녀야

눈 감고 두 손 모아 널 위해 기도하리라

널 위해 기도하리라

나의 사람아

1976

[김민식 작사, 작곡] - 김민식

언제 보아도 웃음 띤 얼굴 언제 들어도 다정한 음성

언제까지나 함께 있어요 아름다운 나의 사람아

아름다운 나의 사람아

해가 없어도 살 수 있지만 달이 없어도 살 수 있지만

당신 없이는 견딜 수 없네 아름다운 나의 사람아

아름다운 나의 사람아

지난 꿈엔 당신과 여행을 떠났어요

하얀 바닷가에서 파랑새를 봤어요

해가 없어도 살 수 있지만 달이 없어도 살 수 있지만

당신 없이는 견딜 수 없네 아름다운 나의 사람아

아름다운 나의 사람아

지난 꿈엔 당신과 여행을 떠났어요

하얀 바닷가에서 파랑새를 봤어요

해가 없어도 살 수 있지만 달이 없어도 살 수 있지만

당신 없이는 견딜 수 없네 아름다운 나의 사람아

아름다운 나의 사람아

음~ 내 사람아

이사 가던 날

1976

[계동균 작사, 작곡] - 산이슬

이사 가던 날 뒷집 아이 돌이는
각시 되어 놀던 나와 헤어지기 싫어서
장독 뒤에 숨어서 하루를 울었고
탱자나무 꽃잎만 흔들었다네
지나버린 어린 시절 그 어릴 적 추억은
탱자나무 울타리에 피어오른다

이사 가던 날 뒷집 아이 돌이는
각시 되어 놀던 나와 헤어지기 싫어서
지나버린 어린 시절 그 어릴 적 추억은
탱자나무 울타리에 피어오른다

이사 가던 날 뒷집 아이 돌이는
각시 되어 놀던 나와 헤어지기 싫어서
헤어지기 싫어서 헤어지기 싫어서

빗물

1976

[김중순 작사, 작곡] - 채은옥

조용히 비가 내리네 추억을 말해주듯이

이렇게 비가 내리면 그날이 생각이 나네

옷깃을 세워주면서 우산을 받쳐준 사람

오늘도 잊지 못하고 빗속을 혼자서 가네

어디에선가 나를 부르며 다가오고 있는 것 같아

돌아보면은 아무도 없고 쓸쓸하게 내리는 빗물 빗물

조용히 비가 내리네 추억을 달래주듯이

이렇게 비가 내리면 그날이 생각이 나네

어디에선가 나를 부르며 다가오고 있는 것 같아

돌아보면은 아무도 없고 쓸쓸하게 내리는 빗물 빗물

조용히 비가 내리네 추억을 말해주듯이

이렇게 비가 내리면 그 사람 생각이 나네

터질 거예요

[강석우 작사, 외국곡] - 김씨네

내가 전에 말했잖아요 당신을 사랑한다고

당신은 모르실거예요

얼마나 내가 당신을 사랑하는 줄

터질 거예요 내 가슴은 당신이 내 곁을 떠나면

나는 그대 못 잊어 하며 날마다 생각날 거야

꿈길에도 당신 모습은 언제나 떠나지 않아도

당신만을 생각했어요

얼마나 내가 당신을 사랑한다고

터질 거예요 내 가슴은 당신이 내 곁을 떠나면

나는 그대 못 잊어 하며 날마다 생각할 거야

터질 거예요 내 가슴은 당신이 내 곁을 떠나면

나는 그대 못 잊어 하며 날마다 생각할 거야

젊은 연인들

1977

[방희준 작사, 민병무 작곡] - 서울대 트리오

다정한 연인이 손에 손을 잡고 걸어가는 길

저기 멀리서 우리의 낙원이 손짓하며 우리를 부르네

길은 험하고 비바람 거세도 서로를 위하면

눈보라 속에도 손목을 꼭 잡고 따스한 온기를 나누리

이 세상 모든 것 내게서 멀어져 가도

언제까지나 너만은 내게 남으리

다정한 연인이 손에 손을 잡고 걸어가는 길

저기 멀리서 우리의 낙원이 손짓하며 우리를 부르네

이 세상 모든 것 내게서 멀어져 가도

언제까지나 너만은 내게 남으리

다정한 연인이 손에 손을 잡고 걸어가는 길

저기 멀리서 우리의 낙원이 손짓하며 우리를 부르네

푸른 시절

[지명길 작사, 김종완 작곡] – 김만수

하늘과 땅 사이에 꽃비가 내리더니
오늘은 공원에서 소녀를 만났다네
수줍어 말 못 하고 얼굴만 숙이는데
앞서간 발자욱이 두 눈에 가득 차네

찡 하는 마음이야 뭐라고 말 못 해도
찡 하는 마음이야 괜시리 설레는 것

어젯밤 꿈속에서 무지개 피더니만
오늘은 공원에서 소녀를 만났다네
수줍어 말 못 하고 얼굴만 붉히는데
햇살이 눈에 들어 두 눈이 반짝이네

찡 하는 마음이야 뭐라고 말 못 해도
찡 하는 마음이야 괜시리 설레는 것

찡 하는 미음이야 뭐라고 말 못 해도
찡 하는 마음이야 괜시리 설레는 것

입영 전야

1977

[최백호 작사, 작곡] - 최백호

아쉬운 밤 흐뭇한 밤 뽀얀 담배 연기

둥근 너의 얼굴 보이고

넘치는 술잔엔 너의 웃음이

정든 우리 헤어져도 다시 만날 그날까지

자! 우리의 젊음을 위하여 잔을 들어라

지난날들 돌아보면 숱한 우리 애기

넓은 너의 가슴 열리고

마주 쥔 두 손엔 사나이 정이

내 나라 위해 떠나는 몸 뜨거움 피는 가슴에

자! 우리의 젊음을 위하여 잔을 들어라

자! 우리의 젊음을 위하여 잔을 들어라

그 사람

1977

[최병걸 작사, 작곡] - 최병걸, 정소녀

왜 그런지 그냥 가긴 너무 아쉬운 그 사람

그 사람

왜 그런지 어디서나 다시 만날 것만 같은 사람

그 사람

그 사람 그 사람

나를 좋아할 것만 같은 그 사람

나를 사랑할 것만 같은 그 사람 바로 그 사람

그 사람 내가 좋아할 것만 같은 그 사람

내가 사랑하게 될 것만 같은 건 바로 그 사람 그 사람

왜 그런지 어디서나 자꾸 기다려지는 사람

그 사람

왜 그런지 언제나 자꾸 보고 싶어지는 사람

그 사람

그 사람 그 사람

나를 좋아할 것만 같은 그 사람

나를 사랑할 것만 같은 그 사람 바로 그 사람

그 사람 내가 좋아할 것만 같은 그 사람

내가 사랑하게 될 것만 같은 건 바로 그 사람 그 사람

나의 20년

1977

[조경원 작사, 장계현 작곡] – 장계현

동녘에 해 뜰 때 어머님 날 낳으시고
귀엽던 아가야 내 인생 시작됐네
열두 살 시절엔 꿈 있어 좋았네
샛별의 눈동자로 별을 헤던 시절

커피를 알았고 낭만을 찾던
스무 살 시절에 나는 사랑했네
너밖에 몰랐고 너만을 그리며
마음과 마음이 주고받던 밀어

그러나 둘이는 마음이 변해서
서로가 냉정하게 토라져버렸네
새파란 하늘처럼 그렇게 살리라
앞날을 생각하며 인생을 생각하리

행복

1977

[이수만 작사, 작곡] - 이수만

사랑하고 미워하는 그 모든 것을

못 본 척 눈감으며 외면하고

지나간 날들을 가난이라 여기며

행복을 그리며 오늘도 보낸다

비 적신 꽃잎에 깨끗한 기억마저

휘파람 불며 하늘로 날리면

행복은 멀리 파도를 넘는다

사랑하고 미워하는 그 모든 것을

못 본 척 눈감으며 외면하고

지나간 날들을 가난이라 여기며

행복을 그리며 오늘도 보낸다

비 적신 꽃잎에 깨끗한 기억마저

휘파람 불며 하늘로 날리면

행복은 멀리 파도를 넘는다

나 어떡해

1977

[김창훈 작사, 작곡] – 샌드페블즈

나 어떡해 너 갑자기 가버리면

나 어떡해 너를 잃고 살아갈까

나 어떡해 나를 두고 떠나가면

그건 안돼 정말 안돼 가지 마라

누구 몰래 다짐했던 비밀이 있었나

다정했던 네가 상냥했던 네가

그럴 수 있나

못 믿겠어 떠난다는 그 말을

안 듣겠어 안녕이란 그 말을

다정했던 네가 상냥했던 네가

그럴 수 있나

못 믿겠어 떠난다는 그 말을

안 듣겠어 안녕이란 그 말을

나 어떡해 나 어떡해 나 어떡해 나 어떡해

나 어떡해 나 어떡해 나 어떡해 나 어떡해

나 어떡해 나 어떡해 나 어떡해 나 어떡해

어디쯤 가고 있을까

1977

[이경미 작사, 이현섭 작곡] - 전영

꽃잎은 바람결에 떨어져

강물을 따라 흘러가는데

떠나간 그 사람은 지금은

어디쯤 가고 있을까

그렇게 쉽사리 떠날 줄은

떠날 줄 몰랐는데

한마디 말없이 말도 없이

보내긴 싫었는데

그 사람은 그 사람은

어디쯤 가고 있을까

그렇게 쉽사리 떠날 줄은

떠날 줄 몰랐는데

한마디 말없이 말도 없이

보내긴 싫었는데

그 사람은 그 사람은

어디쯤 가고 있을까

어디쯤 가고 있을까

아니 벌써

1977

[김창완 작사, 작곡] – 산울림

아니 벌써 해가 솟았나
창문 밖이 훤하게 밝았네
가벼운 아침 발걸음
모두 함께 콧노래 부르며
밝은 날을 기다리는
부푼 마음 가슴에 가득
이리저리 지나치는
정다운 눈길 거리에 찼네

아니 벌써 밤이 깊었나
정말 시간 가는 줄 몰랐네
해 저문 거릴 비추는
가로등 하얗게 피었네
밝은 날을 기다리는
부푼 마음 가슴에 가득
이리저리 지나치는
정다운 눈길 거리에 찼네

찬비

1978

[하수영 작사, 작곡] - 윤정하

거리에 찬 바람 불어오더니

한 잎 두 잎 낙엽이 지고

내 사랑 먼 길을 떠난다기에

가라 가라 아주 가라 했네

갈 사람 가야지 잊을 건 잊어야지

찬비야 내려라 밤을 새워 내려라

그래도 너만은 잊을 수 없다

너무 너무 사랑했었다

내 사랑 먼 길을 떠난다기에

가라 가라 아주 가라 했네

갈 사람 가야지 잊을 건 잊어야지

찬비야 내려라 밤을 새워 내려라

그래도 너만은 잊을 수 없다

너무 너무 사랑했었다

젊은 태양

1978

[박광주 작사, 작곡] – 박광주, 최혜경

햇빛 쏟는 거리에 선 그대 그대

외로움을 느껴보았나 그대 그대

우리는 너 나 없는 이방인

왜 서로를 사랑하질 않나

햇빛 쏟는 하늘 보며 웃자 웃자

외로움 떨쳐버리고 웃자 웃자

우리는 너 나 없는 나그네

왜 서로를 사랑하질 않나

종소리 바람 소리 고이 고이 잠들던 날

먼 하늘에 저 태양이 웃는다

햇빛 쏟는 거리에 선 그대 그대

외로움 느껴보았나 그대 그대

우리는 너 나 없는 이방인

왜 서로를 사랑하질 않나

모진 바람 거센 파도 가슴 속에 몰아쳐도

먼 하늘에 저 태양이 웃는다

잊지는 말아야지

1978

[심진구 작사, 백영규 작곡] - 물레방아

잊지는 말아야지 만날 수 없어도

잊지는 말아야지 헤어져 있어도

헤어질 땐 서러워도 만날 땐 반가운 것

나는 한 마리 사랑의 새가 되어

꿈속에 젖어 젖어

님 찾아가면 내 님은 날 반겨주시겠지

잊지는 말아야지 만날 수 없어도

잊지는 말아야지 헤어져 있어도

헤어질 땐 서러워도 만날 땐 반가운 것

나는 한 마리 사랑의 새가 되어

꿈속에 젖어 젖어

님 찾아가면 내 님은 날 반겨주시겠지

날 반겨주시겠지

바람과 구름

1978

[노수영 작사, 작곡] - 장남들

부는 바람아 너는 나의 힘

모든 슬픔을 거둬 가다오

광활한 대지에 끝없는 바다에

오~ 바람이 분다

가는 구름아 너는 나의 꿈

높은 저곳에 데려 가다오

푸른 창공으로 영원한 곳으로

오~ 구름이 간다

나도 따라서 갈래

머나먼 저곳으로

나의 꿈을 따라서

멀리 머나먼 곳에

부는 바람아 너는 나의 힘

가는 구름아 너는 나의 꿈

푸른 희망 속에 끝없이 달리는

오~ 바람과 구름

나도 따라서 갈래

머나먼 저곳으로

나의 꿈을 따라서

멀리 머나먼 곳에

부는 바람아 너는 나의 힘

가는 구름아 너는 나의 꿈

푸른 희망 속에 우리 함께 달린다

오~ 바람과 구름

3부

우리 사랑에

노래 있다면

아름다운 생

찾으리라

마음

[백순진 작사, 외국곡] - 오정선

하늘엔 별들이 흩어져 내리고
언덕엔 꽃들이 바람에 날릴 때
나는 어여쁜 소년의 손에 의해
사랑 가득한 세계로 날아가리
살며시

흐르는 구름이 비 되어 내리고
부딪는 햇살에 내 몸이 마르면
나는 어여쁜 소년의 손에 의해
사랑 가득한 세계로 날아가리
살며시

하늘엔 별들이 흩어져 내리고
언덕엔 꽃들이 바람에 날릴 때
나는 어여쁜 소년의 손에 의해
사랑 가득한 세계로 날아가리
살며시

모모

1978

[김만준 작사, 박철홍 작곡] – 김만준

모모는 철부지 모모는 무지개

모모는 생을 쫓아가는 시곗바늘이다

모모는 방랑자 모모는 외로운 그림자

너무 기뻐서 박수를 치듯이 날갯짓하며

날아가는 니스의 새들을 꿈꾸는 모모는 환상가

그런데 왜 모모 앞에 있는 생은 행복한가

인간은 사랑 없인 살 수 없단 것을

모모는 잘 알고 있기 때문이다

모모는 철부지 모모는 무지개

모모는 생을 쫓아가는 시곗바늘이다

모모는 철부지 모모는 무지개

모모는 생을 쫓아가는 시곗바늘이다

여름

1978

[이정선 작사, 작곡] - 징검다리

흥에 겨워 여름이 오면
가슴을 활짝 열어요
넝쿨 장미 그늘 속에도
젊음이 넘쳐흐르네
산도 좋고 물도 좋아라
떠나는 여행길에서
마주치는 사람들마다
사랑이 오고 가네요
여름은 젊음의 계절
여름은 사랑의 계절

갈숲 사이 바람이 불어
한낮의 더위를 씻고
밤이 오면 모닥불가에
우리의 꿈이 익어요
여름은 젊음의 계절
여름은 사랑의 계절

그대로 그렇게

[정원찬 작사, 작곡] – 휘버스

내 사랑하는 그대여 정말 가려나

내 가슴속에 외로움 남겨둔 채로

내 사랑하는 그대여 정말 가려나

내 가슴속에 서글픔 남겨둔 채로

떨어지는 저 꽃잎은 봄이면 피지만

내 사랑 그대 떠나면 언제 오려나

날아가는 저 철새도 봄이면 오지만

내 사랑 그대 떠나면 언제 오려나

그대로 그렇게 떠나간다면 난 정말 어찌하라고

그대로 그렇게 떠나간다면 난 정말 울어버릴걸

오! 그대여 한마디만 해주고 떠나요

지금까지 나를 정말 사랑했다고

오! 그대여 이 한마디 잊지 말아요

나는 오직 그대만을 사랑한다는 걸

촛불

1978

[정태춘 작사, 작곡] - 정태춘

소리 없이 어둠이 내리고 길손처럼 또 밤이 찾아오면

창가에 촛불 밝혀 두리라 외로움을 태우리라

나를 버리신 내 님 생각에 오늘도 잠 못 이뤄 지새우며

촛불만 하염없이 태우노라 이 밤이 다 가도록

사랑은 불빛 아래 흔들리며 내 마음 사로잡는데

차갑게 식지 않는 미련은 촛불처럼 타오르네

나를 버리신 내 님 생각에 오늘도 잠 못 이뤄 지새우며

촛불만 하염없이 태우노라 이 밤이 다 가도록

사랑은 불빛 아래 흔들리며 내 마음 사로잡는데

차갑게 식지 않는 미련은 촛불처럼 타오르네

나를 버리신 내 님 생각에 오늘도 잠 못 이뤄 지새우며

촛불만 하염없이 태우노라 이 밤이 다 가도록

촛불만 하염없이 태우노라 이 밤이 다 가도록

가을비 우산 속

1979

[이두형 작사, 백태기 작곡] - 최헌

그리움이 눈처럼 쌓인 거리를

나 혼자서 걸었네 미련 때문에

흐르는 세월 따라 잊혀진 그 얼굴이

왜 이다지 속눈썹에 또다시 떠오르나

정다웠던 그 눈길 목소리 어딜 갔나

아픈 가슴 달래며 찾아 헤매이는

가을비 우산 속에 이슬 맺힌다

잊어야지 언젠가는 세월 흐름 속에

나 혼자서 잊어야지 잊어봐야지

슬픔도 그리움도 나 혼자서 잊어야지

그러다가 언젠가는 잊어지겠지

정다웠던 그 눈길 목소리 어딜 갔나

아픈 가슴 달래며 찾아 헤매이는

가을비 우산 속에 이슬 맺힌다

작은 연인들

1979

[양인자 작사, 김희갑 작곡] - 김세화, 권태수

언제 우리가 만났던가 언제 우리가 헤어졌던가

만남도 헤어짐도 아픔이었지 가던 길 돌아서면

들리는 듯 들리는 듯 너의 목소리

말없이 돌아보면 방울방울 눈물이 흐르는

너와 나는 작은 연인들

언제 우리가 만났던가 언제 우리가 헤어졌던가

만남도 헤어짐도 아픔이었지 가던 길 돌아서면

들리는 듯 들리는 듯 너의 목소리

말없이 돌아보면 방울방울 눈물이 흐르는

너와 나는 작은 연인들

들리는 듯 들리는 듯 너의 목소리

말없이 돌아보면 방울방울 눈물이 흐르는

너와 나는 작은 연인들

장미

1979

[김미선 작사, 백순진, 이정선 작곡] - 4월과 5월

당신에게선 꽃 내음이 나네요 잠자는 나를 깨우고 가네요

싱그런 잎사귀 돋아난 가시처럼 어쩌면 당신은 장미를 닮았네요

당신의 모습이 장미꽃 같아

당신을 부를 땐 당신을 부를 땐

장미라고 할래요

당신에게선 꽃 내음이 나네요 잠 못 이룬 나를 재우고 가네요

어여쁜 꽃송이 가슴에 꽂으면 동화 속 왕자가 부럽지 않아요

당신의 모습이 장미꽃 같아

당신을 부를 땐 당신을 부를 땐

장미라고 할래요

당신에게선 꽃 내음이 나네요 잠자는 나를 깨우고 가네요

싱그런 잎사귀 돋아난 가시처럼

어쩌면 당신은 장미를 닮았네요

어쩌면 당신은 장미를 닮았네요

하얀 민들레

1979

[신봉승 작사, 유승엽 작곡] - 진미령

나 어릴 땐 철부지로 자랐지만

지금은 알아요 떠나는 것을

엄마 품이 아무리 따뜻하지만

때가 되면 떠나요 할 수 없어요

안녕 안녕 안녕 손을 흔들며

두둥실 두둥실 떠나요

민들레 민들레처럼

돌아오지 않아요 민들레처럼

나 옛날엔 사랑을 믿었지만

지금은 알아요 믿지 않아요

눈물이 아무리 쏟아져 와도

이제는 알아요 떠나는 마음

조용히 나만 혼자 손을 흔들며

두둥실 두둥실 떠나요

민들레 민들레처럼

돌아오지 않아요 민들레처럼

민들레처럼

기도

1979

[서활 작사, 작곡] - 홍삼트리오

그리움에 불러보는

아픈 내 가슴속에 맺힌 그녀

나 언제나 한숨 지으며 그리워할 때

성모 앞에 드리는 기도

내 님의 소식 전해 주소서

가버린 님 언제나 오시려나

그리워 지친 마음 오늘도 기다리네

아~ 기다리네

그리움에 불러보는

아픈 내 가슴속에 맺힌 그녀

나 언제나 한숨 지으며 그리워할 때

성모 앞에 드리는 기도

내 님의 소식 전해 주소서

가버린 님 언제나 오시려나

그리워 지친 마음 오늘도 기다리네

아~ 기다리네

그리움만 쌓이네

1979

[여진 작사, 작곡] - 여진

다정했던 사람이여 나를 잊었나

벌써 나를 잊어버렸나

그리움만 남겨놓고 나를 잊었나

벌써 나를 잊어버렸나

그대 지금 그 누구를 사랑하는가

굳은 약속 변해버렸나

예전에는 우린 서로 사랑했는데

이젠 맘이 변해버렸나

아~ 이별이 그리 쉬운가

세월 가버렸다고 이젠 나를 잊고서

멀리 멀리 떠나가는가

아~ 나는 몰랐네 그대 마음 변할 줄

난 정말 몰랐었네

아~ 나 너 하나만을 믿고 살았네

그대만을 믿었네

네가 보고파서 나는 어쩌나

그리움만 쌓이네

가버린 친구에게 바침

1979

[정원찬 작사, 작곡] - 이명훈

하얀 날개를 휘저으며 구름 사이로 떠 오네

떠나가버린 그 사람의 웃는 얼굴이

흘러가는 강물처럼 사라져버린 그 사람

다시는 못 올 머나먼 길 떠나갔다네

한없이 넓은 가슴으로 온 세상을 사랑하다

날리는 낙엽 따라서 떠나가버렸네

울어봐도 오지 않네 불러봐도 대답 없네

흙 속에서 영원히 잠이 들었네

한없이 넓은 가슴으로 온 세상을 사랑하다

날리는 낙엽 따라서 떠나가버렸네

울어봐도 오지 않네 불러봐도 대답 없네

흙 속에서 영원히 잠이 들었네

숨바꼭질

1979

[조우헌 작사, 작곡] - 해오라기

우리 둘이 숨바꼭질 할까요

아하 그래 두 눈을 감아요

저기 저기 풀잎 속에 숨었나

흘러가는 구름 속에 숨었나

아니야 뒤에 있잖아

다시 한번 너를 찾아서

아니야 뒤에 있잖아

다시 한번 너를 찾아서

아니야 뒤에 있잖아

다시 한번 너를 찾아서

아니야 뒤에 있잖아

다시 한번 너를 찾아서

내가

1979

[김학래 작사, 작곡] – 김학래, 임철우

이 세상에 깊은 꿈 있으니 아득한 사랑에 눈을 내리고

우리 사랑에 노래 있다면 아름다운 생 찾으리라

이 세상에 슬픈 꿈 있으니 외로운 마음에 비를 적시고

우리 그리움에 날개 있다면 상념의 방랑자 되리라

이 내 마음 다하도록 사랑한다면 슬픔과 이별뿐이네

이 내 온정 다하도록 사랑한다면 진실과 믿음뿐이네

내가 말없는 방랑자라면 이 세상의 돌이 되겠소

내가 님 찾는 떠돌이라면 이 세상 끝까지 가겠소

내가 말없는 방랑자라면 이 세상의 돌이 되겠소

내가 님 찾는 떠돌이라면 이 세상 끝까지 가겠소

내가 말없는 방랑자라면 이 세상의 돌이 되겠소

내가 님 찾는 떠돌이라면 이 세상 끝까지 가겠소

이 세상 끝까지 가겠소

장미

1979

[이장희 작사, 작곡] - 사랑과 평화

그대가 보내준 장미 한 송이

이별의 선물로 장미 한 송이

너무나 예쁜 장미 한 송이

너무나 예쁜 장미 한 송이

하지만 오늘은 예쁘질 않네

하지만 오늘은 예쁘질 않네

장미 장미 한 송이

장미 장미 한 송이

한 송이 장미 꽃병에 꽂고

한동안 멍하니 바라보았네

가시가 돋힌 장미 한 송이

가시가 돋힌 장미 한 송이

내 마음 내 가슴 꼭 찌르네

내 마음 내 가슴 꼭 찌르네

장미 장미 한 송이

장미 장미 한 송이

찻잔

1980

[김창완 작사, 작곡] - 노고지리

너무 진하지 않은 향기를 담고

진한 갈색 탁자에 다소곳이

말을 건네기도 어색하게

너는 너무도 조용히 지키고 있구나

너를 만지면 손끝이 따듯해

온몸에 너의 열기가 퍼져

소리 없는 정이 내게로 흐른다

너무 진하지 않은 향기를 담고

진한 갈색 탁자에 다소곳이

말을 건네기도 어색하게

너는 너무도 조용히 지키고 있구나

너를 만지면 손끝이 따듯해

온몸에 너의 열기가 퍼져

소리 없는 정이 내게로 흐른다

너를 만지면 손끝이 따듯해

온몸에 너의 열기가 퍼져

소리 없는 정이 내게로 흐른다

나뭇잎 사이로

1980

[조동진 작사, 작곡] - 조동진

나뭇잎 사이로 파란 가로등
그 불빛 아래로 너의 야윈 얼굴
지붕들 사이로 좁다란 하늘
그 하늘 아래로 사람들 물결
여름은 벌써 가버렸나
거리엔 어느새 서늘한 바람
계절은 이렇게 쉽게 오가는데
우린 또 얼마나 어렵게
사랑해야 하는지

나뭇잎 사이로 여린 별 하나
그 별빛 아래로 너의 작은 꿈이
어둠은 벌써 밀려왔나
거리엔 어느새 정다운 불빛
그 빛은 언제나 눈앞에 있는데
우린 또 얼마나 먼 길을
돌아가야 하는지

나뭇잎 사이로 파란 가로등
그 불빛 아래로 너의 야윈 얼굴

어부의 노래

1980

[이형탁 작사, 작곡] - 박양숙

푸른 물결 춤추고 갈매기떼 넘나들던 곳
내 고향집 오막살이가 황혼빛에 물들어 간다
어머님은 된장국 끓여 밥상 위에 올려놓고
고기 잡는 아버지를 밤새워 기다리신다
그리워라 그리워라 푸른 물결 춤추는 그곳
아~ 저 멀리서 어머님이 나를 부른다

어머님은 된장국 끓여 밥상 위에 올려놓고
고기 잡는 아버지를 밤새워 기다리신다
그리워라 그리워라 푸른 물결 춤추는 그곳
아~ 저 멀리서 어머님이 나를 부른다

젊은 미소

1980

[이영복 작사, 심영섭 작곡] – 건아들

나의 꿈 나의 모든 것 어여쁜 꽃 한 송이

모진 바람 불어와서 내 꿈을 데려갔네

별들은 내 마음 알려나 외로운 내 마음을

달님은 내 마음 알겠지 허전한 이 마음을

너와 나의 두 마음 영원한 약속인데

나만을 홀로 두고서 저 멀리 떠나갔나

젊음아 퍼져라 내 꿈 다시 피어나면

너와 나의 영원한 젊은 미소

밝은 내일 약속하리라

너와 나의 두 마음 영원한 약속인데

나만을 홀로 두고서 저 멀리 떠나갔나

젊음아 퍼져라 내 꿈 다시 피어나면

너와 나의 영원한 젊은 미소

밝은 내일 약속하리라

그대여

[오동식 작사, 작곡] - 이정희

바람도 차가운 날 저녁에 그이와 단둘이서 만났네
정답던 이 시간이 지나면 나 혼자 떠나가야 해
거리엔 가로등 불 하나둘 어둠은 불빛 속에 내리고
정답던 이 시간이 지나면 나 혼자 떠나가야 해

그대여 그대여 울지 말아요 사랑은 사랑은 슬픈 거래요
그대여 그대여 나를 보세요 그리고 웃어요

거리엔 가로등 불 하나둘 어둠은 불빛 속에 내리고
정답던 이 시간이 지나면 나 혼자 떠나가야 해

그대여 그대여 울지 말아요 사랑은 사랑은 슬픈 거래요
그대여 그대여 나를 보세요 그리고 웃어요

거리엔 가로등 불 하나둘 어둠은 불빛 속에 내리고
정답던 이 시간이 지나면 나 혼자 떠나가야 해

4부

때로는

당신 생각에

잠 못 이룬 적도

있었지

사랑이여

1980

[최용식 작사, 작곡] - 유심초

별처럼 아름다운 사랑이여

꿈처럼 행복했던 사랑이여

머물고 간 바람처럼

기약 없이 멀어져 간 내 사랑아

한 송이 꽃으로 피어나라

지지 않는 사랑의 꽃으로

다시 한번 내 가슴에

돌아오라 사랑이여 내 사랑아

아~ 사랑은 타버린 불꽃

아~ 사랑은 한 줄기 바람인 것을

아~ 까맣게 잊으려 해도

왜 나는 너를 잊지 못하나

오! 내 사랑

아~ 사랑은 타버린 불꽃

아~ 사랑은 한 줄기 바람인 것을

아~ 까맣게 잊으려 해도

왜 나는 너를 잊지 못하나

오! 내 사랑 오! 내 사랑

영원토록 못 잊어 못 잊어

옛시인의 노래

1980

[이경미 작사, 이현섭 작곡] - 한경애

마른 나무 가지에서 떨어지는 작은 잎새 하나

그대가 나무라 해도 내가 내가 잎새라 해도

우리들의 사이엔 아무것도 남은 게 없어요

그대가 나무라 해도 내가 내가 잎새라 해도

좋은 날엔 시인의 눈빛 되어 시인의 가슴이 되어

아름다운 사연들을 태우고 또 태우고 태웠었네

뚜루루루 귓전에 맴도는 낮은 휘파람 소리

시인은 시인은 노래 부른다 그 옛날의 사랑 얘기를

좋은 날엔 시인의 눈빛 되어 시인의 가슴이 되어

아름다운 사연들을 태우고 또 태우고 태웠었네

뚜루루루 귓전에 맴도는 낮은 휘파람 소리

시인은 시인은 노래 부른다 그 옛날의 사랑 얘기를

그 옛날의 사랑 얘기를

연극이 끝난 후

1981

[최명섭 작사, 작곡] – 샤프

연극이 끝나고 난 뒤 혼자서 객석에 남아

조명이 꺼진 무대를 본 적이 있나요

음악 소리도 분주히 돌아가던 세트도

이젠 다 멈춘 채 무대 위에

정적만이 남아 있죠 어둠만이 흐르고 있죠

배우는 무대 옷을 입고 노래하며 춤추고

불빛은 배우를 따라서 바삐 돌아가지만

끝나면 모두들 떠나버리고 무대 위에

정적만이 남아 있죠 고독만이 흐르고 있죠

연극이 끝나고 난 뒤 혼자서 무대에 남아

아무도 없는 객석을 본 적이 있나요

힘찬 박수도 뜨겁던 관객의 찬사도

이젠 다 사라져 객석에는

정적만이 남아 있죠 침묵만이 흐르고 있죠

관객은 열띤 연기를 보고 때론 울고 웃으며

자신이 주인공이 된 듯 착각도 하지만

끝나면 모두들 떠나버리고 객석에는

정적만이 남아 있죠 고독만이 흐르고 있죠

님의 기도

1981

[최성우 작사, 작곡] - 오누이

기어이 떠나야만 하는지

까닭은 몰라도

보내기 싫은 내 맘 어이하나

가야만 가야만 가야만 한다면

잡진 않겠어 언젠간 떠날 님이니까

비야 내려라 바람아 불어서

님의 발길 막아나 다오

아니지 우리 님 가시는 곳까지

바람아 불어

님의 눈물 날려나 주려무나

비야 내려라 바람아 불어서

님의 발길 막아나 다오

아니지 우리 님 가시는 곳까지

바람아 불어

님의 눈물 날려나 주려무나

님의 눈물 날려나 주려무나

별이여 사랑이여

1981

[이경오 작사, 작곡] - 사랑의 하모니

한 잔 또 한 잔을 마셔도 취하는 건 마찬가지지

이 밤도 외로움에 잠 못 이루고 홀로이 별을 헨다네

해맑은 눈동자로 별을 헤며 사랑을 약속했던 님

다시는 만날 수는 없어도 잊을 수는 없는 거지

밤하늘에 빛나는 별들만큼이나

흐르다 맴돌다 지쳐버리면

벌써 잊혀져 간 옛사랑을 술잔에 남겨놓고서

말없이 웃음 짓는 입가에 별빛만 흘러내리네

한 잔 또 한 잔을 마셔도 취하는 건 마찬가지지

이 밤도 외로움에 잠 못 이루고 홀로이 별을 헨다네

밤하늘에 빛나는 별들만큼이나

흐르다 맴돌다 지쳐버리면

벌써 잊혀져 간 옛사랑을 술잔에 남겨놓고서

말없이 웃음 짓는 입가에 별빛만 흘러내리네

별빛만 흘러내리네

사랑 사랑 누가 말했나

1982

[박동율 작사, 작곡] - 남궁옥분

때로는 당신 생각에

잠 못 이룬 적도 있었지

기울어가는 둥근 달을 보며

타는 가슴 남몰래 달랬지

사랑 사랑 누가 말했나

향기로운 꽃보다 진하다고

사랑 사랑 그 누가 말했나

바보들의 이야기라고

세월이 흘러 먼 훗날

기억나지 않는다 하여도

오늘 밤 또다시 당신 생각에

타는 가슴 남몰래 달래네

기도하는 마음

1982

[조운파 작사, 작곡] - 김태정

사랑하는 사람의 그 진실 알지 못하면

그 사람의 사랑을 받을 수 없답니다

기도하는 사람의 그 정성 알지 못하면

그 사람의 축복을 받을 수 없답니다

가끔씩 당신은 나의 마음을 우울하게 하지만

따스한 그대의 눈빛은 안타까운 나의 마음을

믿음과 사랑으로 가득 차게 합니다

미워하는 사람의 노여움 알지 못하면

그 사람의 용서를 받을 수 없답니다

돌아서는 사람의 그 마음 알지 못하면

그 사람은 영원히 돌아오질 않습니다

가끔씩 당신은 나의 마음을 우울하게 하지만

따스한 그대의 눈빛은 안타까운 나의 마음을

믿음과 사랑으로 가득 차게 합니다

불씨

1982

[한돌 작사, 작곡] - 신형원

그 누가 나를 사랑한다고 해도

이젠 사랑의 불꽃 태울 수 없네

슬픈 내 사랑 바람에 흩날리더니

뜨거운 눈물 속으로 사라져버렸네

텅 빈 내 가슴에 재만 남았네

불씨야 불씨야 다시 피어라

끝내 불씨는 꺼져 꺼져버렸네

이젠 사랑의 불꽃 태울 수 없네

텅 빈 내 가슴에 재만 남았네

불씨야 불씨야 다시 피어라

끝내 불씨는 꺼져 꺼져버렸네

이젠 사랑의 불꽃 태울 수 없네

같이 있게 해주세요

[김정일 작사, 작곡] - 동그라미

마주 보는 미소로 같이 있게 해주세요

마주 잡은 손길로 같이 있게 해주세요

울고 웃는 인생길이 고달프다 하지만

갈라진 옷소매를 매만져주면서

당신의 외로움을 당신의 괴로움을

달래줄 수 있어요

같이 있게 해주세요

사랑스런 눈길로 같이 있게 해주세요

사랑스런 손길로 포근히 감싸 주세요

울고 웃는 인생길이 고달프다 하지만

주름진 그 얼굴에 내 사랑 다 바치고

당신의 행복 속에 당신의 기쁨 속에

살아갈 수 있어요

같이 있게 해주세요

목로주점

1982

[이연실 작사, 작곡] - 이연실

멋드러진 친구 내 오랜 친구야

언제라도 그곳에서 껄껄껄 웃던

멋드러진 친구 내 오랜 친구야

언제라도 그곳으로 찾아 오라던

이왕이면 더 큰 잔에 술을 따르고

이왕이면 마주 앉아 마시자 그랬지

그래 그렇게 마주 앉아서

그래 그렇게 부딪혀 보자

가장 멋진 목소리로 기원하려마

가장 멋진 웃음으로 화답해줄께

오늘도 목로주점 흙바람 벽엔

삼십촉 백열등이 그네를 탄다

월말이면 월급 타서 로프를 사고

연말이면 적금 타서 낙타를 사자

그래 그렇게 산엘 오르고

그래 그렇게 사막엘 가자

가장 멋진 내 친구야 빠뜨리지 마

한 다스의 연필과 노트 한 권도

오늘도 목로주점 흙바람 벽엔

삼십촉 백열등이 그네를 탄다

그네를 탄다

연인들의 이야기

[박건호 작사, 계동균 작곡] – 임수정

무작정 당신이 좋아요 이대로 옆에 있어 주세요

하고픈 이야기는 너무 많은데 흐르는 시간이 아쉬워

멀리서 기적이 우네요 누군가 떠나가고 있어요

영원히 내 곁에 있어 주세요 이별은 이별은 싫어요

무작정 당신이 좋아요 이대로 옆에 있어 주세요

이렇게 앉아서 말은 안 해도 가슴을 적시는 두 사람

창 밖엔 바람이 부네요 누군가 사랑하고 있어요

우리도 그런 사랑 주고 받아요 이별은 이별은 싫어요

이별은 이별은 싫어요

참새와 허수아비

1982

[박철 작사, 작곡] - 조정희

나는 나는 외로운 지푸라기 허수아비

너는 너는 슬픔도 모르는 노란 참새

들판에 곡식이 익을 때면 날 찾아 날아온 널

보내야만 해야 할 슬픈 너의 운명

훠이 훠이 가거라 산 너머 멀리 멀리

보내는 나의 심정 내 님은 아시겠지

석양에 노을이 물들고 들판에 곡식이 익을 때면

노오란 참새는 날 찾아 와주겠지

훠이 훠이 가거라 산 너머 멀리 멀리

보내는 나의 심정 내 님은 아시겠지

내 님은 아시겠지

비와 찻잔 사이

1983

[이혜민 작사, 작곡] - 배따라기

지금 창 밖엔 비가 내리죠
그대와 난 또 이렇게 둘이고요
비와 찻잔을 사이에 두고
할 말을 잃어 묵묵히 앉았네요

지금 창 밖엔 낙엽이 져요
그대 모습은 낙엽 속에 잠들고
비와 찻잔을 사이에 두고
할 말을 잃어 묵묵히 앉았네요

그대 모습 낙엽 속에 있고
내 모습은 찻잔 속에 잠겼네
그대 모습 낙엽 속에 낙엽 속에
낙엽 속에 잠겼어요

지금 창 밖엔 비가 내리죠
그대와 난 또 이렇게 둘이고요
비와 찻잔을 사이에 두고
할 말을 잃어 묵묵히 앉았네요

그대 떠난 빈 들에 서서

[김광엽 작사, 작곡] - 에밀레

저 너머 빈 들에 울어 지친 소리는 내 텅 빈 가슴을 채우니
어느 하늘 밑 부드러운 손길 있어 그 소리 조용히 달랠까
나는 한 마리 날으는 새가 되어 그대 곁으로 날아가리라
나는 한 마리 날으는 새가 되어 그대 곁으로 날아가리라
그대 가슴속에 흐르는 눈물 가득한 곳으로
비바람 가슴으로 흩날리며

저 새가 날으는 날 우린 모두 알리라 그 소리 그 깊은 아픔을
모두 나가 조용히 머리 숙여 그 소리 그 아픔 맞으리라
나는 한 마리 날으는 새가 되어 그대 곁으로 날아가리라
나는 한 마리 날으는 새가 되어 그대 곁으로 날아가리라
그대 창밖에 슬픔을 따다가 내 꿈 깊은 곳에 심어두리라
그대 가슴 속 아픔을 따다가 내 꿈 깊은 곳에 심어두리라

나 날아가는 한 마리 새가 되리
그대 가슴 속 한 마리 작은 새 되리라
되리라

슬픔의 심로

1983

[김학래 작사, 작곡] – 김학래

낙엽이 외로이 떨어지는 건 두 사람이 헤어지는 건

슬프기 때문에 눈물을 흘려요 두 사람이 흘려요

우린 헤어질 수 없기 때문에

창밖에는 비가 내려요 두 사람은 우산도 안 썼네요

헤어지기 마음이 아파 비를 맞아요 고개를 숙여요

우린 둘만이 사랑하기 때문에

이 시간이 지나고 또 지나 햇살이 비추면

온 마음을 열고 나그네가 되어요

뜨거운 마음으로 눈물을 적셔요 슬픔을 적셔요

이젠 뒤돌아서서 고개를 들어요

때론 슬픔에 아파 어쩔 줄 모르고

이룰 수 없는 순간들을 그렸어요

정다웠고 정다웠던 지난날의 이야기 속에

우리 이제는 떠나야 하나요

이 시간이 지나고 또 지나 햇살이 비추면

온 마음을 열고 나그네가 되어요

뜨거운 마음으로 눈물을 적셔요 슬픔을 적셔요

이젠 뒤돌아서서 고개를 들어요

가슴앓이

1983

[강영철 작사, 작곡] - 한마음

밤 별들이 내려와 창문 틈에 머물고

너의 맘이 다가와 따뜻하게 나를 안으면

예전부터 내 곁에 있은 듯한 네 모습에

내가 가진 모든 것을 네게 주고 싶었는데

골목길을 돌아서 뛰어가는 네 그림자

동그랗게 내버려진 나의 사랑이여

아~ 어쩌란 말이냐 흩어진 이 마음을

아~ 어쩌란 말이냐 이 아픈 가슴을

그 큰 두 눈에 하나 가득 눈물 고이면

세상 모든 슬픔이 내 가슴에 와닿고

네가 웃는 그 모습에 세상 기쁨 담길 때

내 가슴에 환한 빛이 따뜻하게 비쳤는데

안녕하며 돌아서 뛰어가는 네 뒷모습

동그랗게 내버려진 나의 사랑이여

아~ 어쩌란 말이냐 흩어진 이 마음을

아~ 어쩌란 말이냐 이 아픈 가슴을

아~ 어쩌란 말이냐 흩어진 이 마음을

아~ 어쩌란 말이냐 이 아픈 가슴을

그날

1983

[이철식 작사, 작곡] - 김연숙

언덕 위에 손잡고

거닐던 길목도 아스라히

멀어져 간 소중했던

옛 생각을 돌이켜 그려보네

나래 치는 가슴이

서러워 아파와 한숨 지며

그려보는 그 사람을

기억하나요 지금 잠시라도

달의 미소를 보면서

내 너의 두 손을 잡고

두나 별들의 눈물을 보았지

고요한 세상을

우~ 한 아름의 꽃처럼

보여지며 던진 내 사랑에

웃음 지며 님의 소식 전한 마음

한없이 보내본다

이름 없는 새

1984

[김승덕 작사, 작곡] - 손현희

나는 한 마리 이름 없는 새

새가 되어 살고 싶어라

아무도 살지 않는 곳 그곳에서 살고 싶어라

날 부르지 않는 곳 바로 그곳에서

나는 한 마리 이름 없는 새로 살리라

길고 기나긴 어둠 뚫고서 날아가리라

하늘 끝까지

나는 한 마리 이름 없는 새

새가 되어 살고 싶어라

아무도 살지 않는 곳 그곳에서 살고 싶어라

날 부르지 않는 곳 바로 그곳에서

나는 한 마리 이름 없는 새로 살리라

길고 기나긴 어둠 뚫고서 날아가리라

하늘 끝까지

나는 한 마리 이름 없는 새

새가 되어 살고 싶어라

아득히 먼 곳

1984

[이웅수 작사, 구창모 작곡] - 이승재

찬 바람 비껴 불어 이르는 곳에 마음을 두고 온 것도 아니라오

먹구름 흐트러져 휘도는 곳에 미련을 두고 온 것도 아니라오

아~ 어쩌다 생각이 나면

그리운 사람 있어 밤을 지새우고

가만히 생각하면 아득히 먼 곳이라

허전한 이 내 맘에 눈물 적시네

황금빛 저녁노을 내리는 곳에 사랑이 머무는 것도 아니라오

호숫가 푸른 숲속 아늑한 곳에 내 님이 머무는 것도 아니라오

아~ 어쩌다 생각이 나면

그리운 사람 있어 밤을 지새우고

가만히 생각하면 아득히 먼 곳이라

허전한 이 내 맘에 눈물 적시네

아~ 어쩌다 생각이 나면

그리운 사람 있어 밤을 지새우고

가만히 생각하면 아득히 먼 곳이라

허전한 이 내 맘에 눈물 적시네

소중한 사람

1984

[김미지 작사, 작곡] - 길은정

높아만 가네 저 하늘은

날 두고 높아만 가네

깊어만 가네 나의 마음은

바다 깊이를 헤는 맘인가

눈물 모아 되신 듯

맑고 고운 님

내 감히 그대 사랑

간절히 소망하네

커져만 가네 나의 사랑은

님 향한 나의 마음은

하얀 눈 속에 초록 풀잎처럼

소중한 나의 님이여

눈물 모아 되신 듯

맑고 고운 님

내 감히 그대 사랑

간절히 소망하네

커져만 가네 나의 사랑은

님 향한 나의 마음은

하얀 눈 속에 초록 풀잎처럼

소중한 나의 님이여

하늘같이 귀한 님

5부

돌아보면 아쉬웠던
순간이
너무도 그리워요

인생은 미완성

1985

[김지평 작사, 이진관 작곡] - 이진관

인생은 미완성 쓰다가 마는 편지

그래도 우리는 곱게 써가야 해

사랑은 미완성 부르다 멎는 노래

그래도 우리는 아름답게 불러야 해

사람아 사람아 우린 모두 타향인걸

외로운 가슴끼리 사슴처럼 기대고 살자

인생은 미완성 그리다 마는 그림

그래도 우리는 아름답게 그려야 해

친구야 친구야 우린 모두 나그넨걸

그리운 가슴끼리 모닥불을 지피고 살자

인생은 미완성 새기다 마는 조각

그래도 우리는 곱게 새겨야 해

그래도 우리는 곱게 새겨야 해

밤에 피는 장미

[김판수 작사, 작곡] - 어우러기

외로운 밤엔 나 홀로 걸었네 가슴속에 피는 한 잎 떨어진

상처만이 남아 있는 한 떨기 장미처럼 슬픈 내 영혼

그러나 또 낮이 되면서도 잊혀진 지난날 그리워

가슴의 뜨거운 마음도 나의 슬픈 그 장미

아하 밤에 피는 장미 나의 사랑 장미 같은 사랑

돌아오지 못할 시절 한 떨기 사랑 장미 같은 사랑

아하 밤에 피는 장미 나의 사랑 장미 같은 사랑

돌아오지 못할 계절 한 떨기 사랑 장미 같은 사랑

외로운 밤엔 나 홀로 걸었네 가슴속에 피는 한 잎 떨어진

상처만이 남아 있는 한 떨기 장미처럼 슬픈 내 영혼

그러나 또 낮이 되면서도 잊혀진 지난날 그리워

가슴의 뜨거운 마음도 나의 슬픈 그 장미

아하 밤에 피는 장미 나의 사랑 장미 같은 사랑

돌아오지 못할 시절 한 떨기 사랑 장미 같은 사랑

아하 밤에 피는 장미 나의 사랑 장미 같은 사랑

돌아오지 못할 계절 한 떨기 사랑 장미 같은 사랑

봉숭아

[박은옥 작사, 정태춘 작곡] - 박은옥, 정태춘

초저녁 별빛은 초롱해도 이 밤이 다하면 질 터인데

그리운 내 님은 어딜 가고 저 별이 지기를 기다리나

손톱 끝에 봉숭아 빨개도 몇 밤만 지나면 질 터인데

손가락마다 무명실 매어주던 곱디 고운 내 님은 어딜 갔나

별 사이로 맑은 달 구름 거쳐 나타나듯

고운 내 님 웃는 얼굴 어둠 뚫고 나타나소

초롱한 저 별빛이 지기 전에 구름 속 달님도 나오시고

손톱 끝에 봉숭아 지기 전에 그리운 내 님도 돌아 오소

별 사이로 맑은 달 구름 거쳐 나타나듯

고운 내 님 웃는 얼굴 어둠 뚫고 나타나소

초롱한 저 별빛이 지기 전에 구름 속 달님도 나오시고

손톱 끝에 봉숭아 지기 전에 그리운 내 님도 돌아 오소

가을사랑

(민재홍 작사, 작곡) - 신계행

그대 사랑 가을사랑 단풍 일면 그대 오고

그대 사랑 가을사랑 낙엽 지면 그대 가네

그대 사랑 가을사랑 파란 하늘 그대 얼굴

그대 사랑 가을사랑 새벽 안개 그대 마음

가을아 가을 오면 가지 말아라

가을 가을 내 맘 아려나

그대 사랑 가을사랑 저 들길엔 그대 발자욱

그대 사랑 가을사랑 빗소리는 그대 목소리

가을아 가을 오면 가지 말아라

가을 가을 내 맘 아려나

그대 사랑 가을사랑 저 들길엔 그대 발자욱

그대 사랑 가을사랑 빗소리는 그대 목소리

내일로 가는 마차

1985

[이재성 작사, 작곡] - 이재성

해 저문 창가에 가득

눈물 젖은 별빛이 와도

슬퍼 말아라 친구야

깨진 꿈이 서러우면

작은 불을 밝히려마

두 손을 모으고 친구야

가슴까지 태웠던 사랑은

지난 꿈이 되었어도

슬퍼 말아라 친구야

참을 수 없는 슬픔이 다가와

너의 두 볼을 적시거든

눈을 감고 내일로 가자 친구야

지나버린 시간일랑 남기고 떠나자

눈물이 앞을 가려도

스쳐 지나는 바람 바람 바람인 것을

친구야 눈물을 숨기렴

내일로 가는 마차를 타고 가자 타고 떠나자

내일로 가는 마차를 타고 가자 타고 떠나자

사랑해요

1985

[김형성 작사, 작곡] – 고은희, 이정란

떨어지는 낙엽들 그 사이로 거리를 걸어봐요

지금은 느낄 수 있어요 얼마나 아름다운지

돌아보면 아쉬웠던 순간이 너무도 그리워요

이제야 느낄 수 있어요 얼마나 행복했는지

사랑해요 떠나버린 그대를

사랑해요 회색 빛 하늘 아래

사랑해요 그대 모습 그리며

사랑해요 아직도 내 마음을

그리움이 쌓여가는 거리를 나 홀로 걷고 있죠

가로등 불빛이 너무도 차갑게 느껴져요

돌아보면 걸어왔던 발자욱 하나둘 지워질 때

이제야 느낄 수 있어요 얼마나 행복했는지

사랑해요 떠나버린 그대를

사랑해요 회색 빛 하늘 아래

사랑해요 그대 모습 그리며

사랑해요 아직도 내 마음을

사랑해요 떠나버린 그대를

사랑해요 회색 빛 하늘 아래

사랑해요

그대 먼 곳에

1985

[박형국 작사, 작곡] – 마음과 마음

먼 곳에 있지 않아요 내 곁에 가까이 있어요

하지만 가눌 수 없네요 그대 마음은 아주 먼 곳에

그대가 내 곁을 떠나갈 때 마치 넋이 빠진 모습으로

난 몹시 담담한 마음으로 그대를 보냈어요

아~ 그대는 내 곁에 없나요

아~ 그대는 먼 곳에 있나요

사랑도 생각했어요 영혼도 생각했어요

하지만 잡을 수 없네요 그대 생각은 아주 먼 곳에

그대가 내 곁을 떠나갈 때 마치 넋이 빠진 모습으로

난 몹시 담담한 마음으로 그대를 보냈어요

아~ 그대는 내 곁에 없나요

아~ 그대는 먼 곳에 있나요

먼 곳에 있나요

이젠 사랑할 수 있어요

[장제훈 작사, 이주호 작곡] - 해바라기

난 눈물이 메마른 줄 알았어요

여태 사랑을 다시 못할 줄 알았어요

오늘 난 자욱한 연기 사이로 사랑의 짝을 보았어요

난 지금껏 어둔 밤을 헤맸어요

여태 지워야 할 기억이 너무 많았어요

오늘 난 식어버린 마음 구석에

사랑의 불씨를 당겼어요

이제 다시 이제 다시 사랑할 수 있어요

이제 진정 이제 진정 웃을 수 있어요

방금 하신 얘기 그 눈길이 아쉬워

그대 곁에서 훨훨 떠날 수는 없어요

이제 다시 이제 다시 사랑할 수 있어요

이제 진정 이제 진정 웃을 수 있어요

방금 하신 얘기 그 눈길이 아쉬워

그대 곁에서 훨훨 떠날 수는 없어요

떠날 수는 없어요

이 어둠의 이 슬픔

1986

[김영수 작사, 작곡] – 도시의 그림자

꺼지는 듯 흔들리는 도시의 가로등

가슴에 흐르는 너 나의 슬픔이

한 조각 슬픈 노래 소리로 어둠에 흩어져 가네

허공을 가득 메운 눈물 같은 네온등

이슬에 흐려지는 그대의 눈빛이

한 조각 어두운 바람 소리로 한없이 깊어만 가네

돌아선 그대 다시 한번 말을 해주오 오직 나만을 사랑했다고

떠나는 그대 다시 한번 고백해주오 나 그대만을 사랑했다고

불빛에 머문 젖은 나의 눈빛 허공 속에 뿌려버리고

가슴을 태운 이 어둠의 상심 허무한 사연이어라

어두워진 방안에 누워 창밖을 봐요

바람결에 사라지는 그대의 그 뒷모습

사랑 이별 슬픔은 한없이 흘러만 가네

돌아선 그대 다시 한번 말을 해주오 오직 나만을 사랑했다고

떠나는 그대 다시 한번 고백해주오 나 그대만을 사랑했다고

불빛에 머문 젖은 나의 눈빛 허공 속에 뿌려버리고

가슴을 태운 이 어둠의 상심 허무한 사연이어라

허무한 사연이어라

나 그리고 별

1928

[임은희 작사, 김장수 작곡] – 높은음자리

창밖에 가로등 하나둘 불을 밝히면

나의 손 잡을 듯 이만큼 다가서는 별

저 별을 갖고 싶어라 저 별을 갖고 싶어라

나는 왜 별이 좋을까 나는 왜 별이 좋을까

나는 저기 멀리 멀리서 밤을 지켜 빛내지만

그런 네가 없으면 나는 눈물뿐이니

알 수가 없구나 알 수가 없구나

고요한 밤하늘 아득히 저 먼 작은 별

눈물에 어리어 춤추는 나의 별이여

어둠만 깊어가는데 어둠만 깊어가는데

너는 왜 저기 있을까 너는 왜 말이 없을까

나는 이 밤의 끝에서 너의 이름 부르지만

그런 나의 애타는 목소리를 듣는지

알 수가 없구나 알 수가 없구나

별 지는 아침 오면 나는 그곳에 가리라

네가 있는 저 산 넘어 그곳으로 가리라

풍선

1987

[이두헌 작사, 김성호 작곡] - 다섯손가락

지나가버린 어린 시절엔 풍선을 타고 날아가는 예쁜 꿈도 꾸었지

노란 풍선이 하늘을 날면 내 마음에도 아름다운 기억들이 생각나

내 어릴 적 꿈은 노란 풍선을 타고 하늘 높이 날으는 사람

그 조그만 꿈을 잊어버리고 산 건 내가 너무 커 버렸을 때

하지만 괴로울 땐 아이처럼 뛰어놀고 싶어

조그만 나의 꿈들을 풍선에 가득 싣고

지나가버린 어린 시절엔 풍선을 타고 날아가는 예쁜 꿈도 꾸었지

노란 풍선이 하늘을 날면 내 마음에도 아름다운 기억들이 생각나

왜 하늘을 보면 나는 눈물이 날까 그것조차 알 수 없잖아

왜 어른이 되면 잊어버리게 될까 조그맣던 아이 시절을

때로는 나도 그냥 하늘 높이 날아가고 싶어

잊었던 나의 꿈들과 추억을 가득 싣고

지나가버린 어린 시절엔 풍선을 타고 날아가는 예쁜 꿈도 꾸었지

노란 풍선이 하늘을 날면 내 마음에도 아름다운 기억들이 생각나

지나가버린 어린 시절엔 풍선을 타고 날아가는 예쁜 꿈도 꾸었지

노란 풍선이 하늘을 날면 내 마음에도 아름다운 기억들이 생각나

난 아직도 널

1987

(김휘원 작사, 작곡) - 작품 하나

거리를 나 혼자 걸었네 내게는 아무도 없었네

차가운 바람 불 때면 내 마음 왠지 쓸쓸해지네

조금씩 비가 내리네 어둠은 갈수록 짙어가네

빗속을 혼자 걷는 이 마음 그대는 아는지 흥 모르는지

아~ 이 비 그치면 그대 찾아봐야지

아무리 험한 산일지라도

난 그대를 잊을 수 없어

아무리 미운 너였지만은

난 아직도 널 사랑해

아~ 이 비 그치면 그대 찾아봐야지

아무리 험한 산일지라도

난 그대를 잊을 수 없어

아무리 미운 너였지만은

난 아직도 널 사랑해

난 아직도 널 사랑해

난 아직도 널 사랑해

사랑하고 있어요

1987

[전현철 작사, 작곡] - 바다새

사랑하고 있어요 당신 눈물까지도

그런 모습 싫어요 사랑하고 있어요

외롭지도 않아요 당신 미소만 보면

이렇게 있어요 가만히 내 곁에 있어요

생각하면 할수록 가깝고도 먼 얼굴

너의 사랑 영원히 간직하리라

미워할 수 없어요 당신 미소만 보면

그런 모습 싫어요 가만히 내 곁에 있어요

슬프지도 않아요 홀로 긴 밤 지새도

아픈 가슴 달래며 그대의 모습을 그려요

생각하면 할수록 가깝고도 먼 얼굴

너의 사랑 영원히 간직하리라

떠나버린 그대를 미워하진 않아요

초라해진 내 모습 그대 이제는 잊었죠

그대 이제는 잊었죠

사랑해요

홀로된 사랑

[안현진 작사, 작곡] - 여운

홀로인 듯한 외로움 달랠 길 없어 달랠 길 없어

눈물에 젖은 하늘을 보니

어차피 떠난 홀로된 사랑이기에 사랑이기에

빗줄기처럼 미련도 그 빗속으로

난 믿었어 우리 사랑이 영원하길

그 많았던 아름다웠던 날 영원히 잊지 못해

빙빙빙 맴돌다 떠난 님 잊혀질 날 그 빗속으로

빙빙빙 맴돌다 떠난 님 미련만은 던졌어도

그대 그 빗속으로 그대 그 빗속으로

잊혀진 듯한 서글픔 지울 길 없어 지울 길 없어

눈물에 고인 하늘을 보니

어차피 떠난 홀로된 사랑이기에 사랑이기에

빗줄기처럼 미련도 그 빗속으로

난 믿었어 우리 사랑이 영원하길

그 많았던 아름다웠던 날 영원히 잊지 못해

빙빙빙 맴돌다 떠난 님 잊혀질 날 그 빗속으로

빙빙빙 맴돌다 떠난 님 미련만은 던졌어도

모래성을 만들자 모래성을 만들자

그대 그리고 나

[정현우 작사, 작곡] – 소리새

푸른 파도를 가르는 흰 돛단배처럼

그대 그리고 나

낙엽 떨어진 그 길을 정답게 걸었던

그대 그리고 나

흰 눈 내리는 겨울을 좋아했던

그대 그리고 나

때론 슬픔에 잠겨서 한없이 울었던

그대 그리고 나

둘이 마음을 달래려 고개를 숙이던

그대 그리고 나

우린 헤어져 서로가 그리운

그대 그리고 나

때론 슬픔에 잠겨서 한없이 울었던

그대 그리고 나

둘이 마음을 달래려 고개를 숙이던

그대 그리고 나

우린 헤어져 서로가 그리운

그대 그리고 나

나의 옛날이야기

1988

[조덕배 작사, 작곡] - 조덕배

쓸쓸하던 그 골목을 당신은 기억하십니까
지금도 난 기억합니다
사랑한단 말 못 하고 애태우던 그날들을
당신은 알고 있었습니까
철없었던 지난날의 아름답던 그 밤들을
아직도 난 사랑합니다
철없던 사람아 그대는 나의 모든 것을
앗으려 하나 무정한 사람아
수줍어서 말 못 했나 내가 싫어 말 안 했나
지금도 난 알 수 없어요
이 노래를 듣는다면 나에게로 와주오
그대여 난 기다립니다

무정한 사람아 이 밤도 나의 모든 것을
앗으려 하나 철없던 사람아
오늘 밤도 내일 밤도 그리고 그다음 밤도
영원히 난 기다립니다

세월이 가면

1989

[최명섭 작사, 최귀섭 작곡] - 최호섭

그대 나를 위해 웃음을 보여도

허탈한 표정 감출 순 없어

힘없이 뒤돌아서는 그대의 모습을

흐린 눈으로 바라만 보네

나는 알고 있어요 우리의 사랑은

이것이 마지막이라는 것을

서로가 원한다 해도 영원할 순 없어요

저 흘러가는 시간 앞에서는

세월이 가면

가슴이 터질 듯한

그리운 마음이야 잊는다 해도

한없이 소중했던 사랑이 있었음을

잊지 말고 기억해줘요

유리창엔 비

1989

[이정한 작사, 작곡] - 햇빛촌

낮부터 내린 비는 이 저녁 유리창에 이슬만 뿌려놓고서

밤이 되면 더욱 커지는 시계 소리처럼 내 마음을 흔들고 있네

이 밤 빗줄기는 언제나 숨겨놓은 내 맘에 비를 내리네

떠오는 아주 많은 시간들 속을 헤메이던 내 맘은 비에 젖는데

이젠 젖은 우산을 펼 수는 없는 것

낮부터 내린 비는 이 저녁 유리창에 슬픔만 뿌리고 있네

이 밤 마음속엔 언제나 남아 있던 기억은 빗줄기처럼

떠오는 기억 스민 순간 사이로 내 마음은 어두운 비를 뿌려요

이젠 젖은 우산을 펼 수는 없는 것

낮부터 내린 비는 이 저녁 유리창에 슬픔만 뿌려놓고서

밤이 되면 유리창에 내 슬픈 기억들을 이슬로 흩어놓았네

귀로

1989

[예민 작사, 작곡] - 박선주

화려한 불빛으로 그 뒷모습만 보이며

안녕이란 말도 없이 사라진 그대

쉽게 흘려진 눈물 눈가에 가득히 고여

거리는 온통 투명한 유리알 속

그대 따뜻한 손이라도 잡아 볼 수만 있었다면

아직은 그대의 온기 남아 있겠지만

비바람이 부는 길가에 홀로 애태우는 이 자리

두 뺨엔 비바람만 차게 부는데

사랑한단 말은 못 해도 안녕이란 말은 해야지

아무 말도 없이 떠나간 그대가 정말 미워요

그대 따뜻한 손이라도 잡아 볼 수만 있었다면

아직은 그대의 온기 남아 있겠지만

비바람이 부는 길가에 홀로 애태우는 이 자리

두 뺨엔 비바람만 차게 부는데

사랑한단 말은 못 해도 안녕이란 말은 해야지

아무 말도 없이 떠나간 그대가 정말 미워요

사랑한단 말은 못 해도 안녕이란 말은 해야지

아무 말도 없이 떠나간 그대가 정말 미워요

별이 진다네

1989

[조병석 작사, 작곡] - 여행스케치

어제는 별이 졌다네 나의 가슴이 무너졌네

별은 그저 별일 뿐이야 모두들 내게 말하지만

오늘도 별이 진다네 아름다운 나의 별 하나

별이 지면 하늘도 슬퍼 이렇게 비만 내리는 거야

나의 가슴속에 젖어오는 그대 그리움만이

이 밤도 저 비 되어 나를 또 울리고

아름다웠던 우리 옛일을 생각해 보면

나의 애타는 사랑 돌아올 것 같은데

나의 꿈은 사라져가고 슬픔만이 깊어가는데

나의 별은 사라지고 어둠만이 짙어가는데

나의 가슴속에 젖어오는 그대 그리움만이

이 밤도 저 비 되어 나를 또 울리고

아름다웠던 우리 옛일을 생각해 보면

나의 애타는 사랑 돌아올 것 같은데

나의 꿈은 사라져가고 슬픔만이 깊어가는데

나의 별은 사라지고 어둠만이 짙어가는데

어둠만이 짙어가는데

KOMCA 승인필 | 본 책에 수록된 노래 가사는 (사)한국음악저작권협회의 승인을 받았음을 밝힙니다.

사랑과 자유를 노래하는 필사
7080 명곡 100

1판 1쇄 인쇄 2025년 7월 10일
1판 1쇄 발행 2025년 7월 22일

서 문 조성진
펴낸이 김기옥

실용본부장 박재성
실용팀 이소정
마케터 서지운
지원 고광현, 김형식

디자인 퍼플트리 박소희
인쇄·제본 민언프린텍

펴낸곳 한스미디어(한즈미디어(주))
주소 (우 04027) 서울시 마포구 양화로 11길 13(서교동, 강원빌딩 5층)
전화 02-707-0337 | **팩스** 031-707-0198 | **홈페이지** www.hansmedia.com
출판신고번호 제 313-2003-227호 | **신고일자** 2003년 6월 25일

ISBN 979-11-94777-31-1 (03670)